LES LECTURES ELI

Le Journal
de Valérie

GW00599637

EUROPEAN LANGUAGE INSTITUTE

© 1999 - **ELI** s.r.l. - European Language Institute
B.P. 6 - Recanati - Italie
Tél. +39/071/75 07 01 - Télécopie +39/071/97 78 51 - E-mail: eli@fastnet.it

Le Journal de Valérie de M. Flagan
Illustrations: A. Belli
Version française: Pierre Hauzy

Imprimé en Italie

ISNB - **88 - 8148 - 326 - 2**

Avant de commencer à lire...

Le personnage principal est:
- ❏ Un garçon
- ❏ Une fille
- ❏ Une femme

L'histoire se passe:
- ❏ Il y a cinquante ans
- ❏ De nos jours
- ❏ Au XXIe siècle

La famille de Valérie se compose de:
- ❏ Quatre personnes
- ❏ Cinq personnes
- ❏ Six personnes

L'histoire se présente sous la forme:
- ❏ D'un récit
- ❏ D'un conte
- ❏ D'un journal intime

Voici la famille de Valérie: ses parents, monsieur et madame Maréchal, son frère Jérôme et... elle, Valérie.

Vendredi 1er juillet

Cher journal,

Samedi, c'était mon anniversaire... J'étais furieuse!
Je voulais une paire de rollers . À la place de ça, devine ce que j'ai reçu... Une paire de chaussures de marche. Exactement! «*Tu pourras faire de belles promenades à la campagne*» m'a dit ma mère. Je lui ai dit que je détestais la campagne! Alors, elle a ajouté: «*Valérie, tu es insupportable!...*» C'est vrai que je n'étais pas contente, mais je voulais des rollers, pas des chaussures de marche! Et puis, je n'ai même pas pu faire un peu la fête: l'école est finie et tous mes amis sont à la mer, à la montagne ou en vacances à l'étranger. Même Sophie, ma meilleure amie, est partie. Je suis seule à la maison avec mes parents et mon frère, Jérôme... C'est mortel! Jérôme a douze ans, deux ans de moins que moi. Ce qu'il peut me taper sur les nerfs par moments!
C'est lui qui m'a offert ce journal pour mon anniversaire.

Un cadeau stupide. J'y écris parce que je n'ai rien d'autre à faire.
Je m'ennuie tellement à la maison.
Et dire que l'été ne fait que commencer...

Vocabulaire:

Ce qu'il peut me taper sur les nerfs: il m'énerve
c'est mortel: c'est à mourir d'ennui
insupportable: qu'on a du mal à supporter, qui a très mauvais caractère

furieuse: très en colère
je m'ennuie: je ne sais pas quoi faire, le temps me semble long
rollers: patins (à roulettes) en ligne

1 **Employez les mots suivants dans des phrases.**

❑ enfants   ❑ fille   ❑ fils   ☒ sœur   ❑ parents

❑ mère   ☒ frère   ❑ père   ❑ mari   ❑ femme

1. (Valérie - Jérôme)
   Valérie est la sœur de Jérôme. Jérôme est le frère de Valérie.
2. (Monsieur Maréchal - Jérôme)
   ....
3. (Monsieur Maréchal - madame Maréchal)
   ....
4. (Valérie - madame Maréchal)
   ....
5. (Monsieur et madame Maréchal - Valérie et Jérôme)
   ....

2 **De combien de personnes se compose ta famille?**
Écris les noms des membres de ta famille en indiquant
leur degré de parenté (par rapport à toi).

Ma famille se compose de.................. personnes.
Il y a ....
....
.... est mon...
....

3 **Réponds aux questions.**

Quand Valérie a-t-elle fêté son anniversaire?

....

Est-ce qu'elle a invité des amis pour son anniversaire?

....

Elle a reçu des cadeaux?

....

Quels cadeaux?

....

Quelle âge a Valérie?

....

Comment s'appelle sa meilleure amie?

....

Quand Valérie a-t-elle commencé à tenir son journal?

....

Quelle est la date de ton anniversaire?

....

Tu as invité (ou tu inviteras) des amis chez toi?

....

Tu as reçu (ou tu recevras) des cadeaux?

....

Quels cadeaux as-tu reçus (ou aimerais-tu recevoir)?

....

Quel âge as-tu?

....

Comment s'appelle ton meilleur ami ou ta meilleure amie?

....

Toi aussi, tu tiens un journal intime?

....

Samedi 2 juillet

Cher journal,

Demain, nous partons pour Fleury. C'est un petit village à une vingtaine de kilomètres d'ici. Un coin perdu! Papa et maman veulent aller y vivre. Ils disent qu'ils en ont assez de la ville, de la pollution, du bruit. Jérôme est content de partir. Dans son sac à dos, il a mis: des clous, un marteau, une scie, une corde, une couverture, une gourde, une loupe, des allumettes et trois boîtes de singe.

Il n'arrête pas de m'appeler *Vendredi*. C'est agaçant! Je ne veux pas jouer à Robinson Crusoe. Je ne veux pas aller vivre à la campagne. Personne ne me demande jamais mon avis. Je vis très bien en ville, moi!

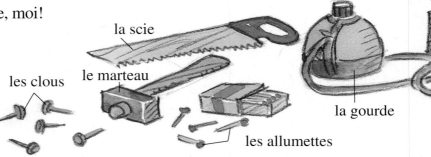

les boîtes de singe

la scie

les clous

le marteau

la gourde

les allumettes

Il y a mon école, mes amis, ma maison, ma chambre... Pourquoi veulent-ils que je quitte tout ce que j'aime?

Non, je n'irai pas à Fleury. Maman a dit: «*On va y passer quelques jours de vacances; après, on verra...*» Je suis sûre que leur décision est prise. Maman dit toujours *on*, mais en réalité, c'est elle qui décide.

la couverture

la corde

le sac à dos

la loupe

Vocabulaire:

agaçant: énervant
pollution: ensemble des gaz et des matières toxiques qui rendent malsain l'environnement
quitte: abandonne
singe: ici, viande de bœuf en conserve (corned-beef)
un coin perdu: un endroit isolé, loin de tout

1 Corrige les phrases.

1. Demain, Valérie et sa famille partent pour Fleury.

....

2. Fleury est une grande ville.

....

3. Valérie est contente de partir, mais pas Jérôme.

....

4. Jérôme a fait sa valise.

....

5. Les parents de Valérie ne lui ont pas demandé son avis
avant de partir.

....

6. Après quelques jours de vacances, Valérie pourra choisir
entre rester à Fleury ou rentrer en ville.

....

2 Complète les phrases suivantes avec des verbes.

1. Les parents de Valérie .... qu'ils en ont assez
de vivre en ville.

2. Jérôme .... beaucoup de choses dans son sac à dos.

3. Personne ne .... jamais l'avis de Valérie.

4. Monsieur et madame Maréchal .... passer
leurs vacances à Fleury.

3 **Complète les phrases suivantes avec les prépositions:**

❏ pour   ❏ de(d')   ❏ à   ❏ en

1. Demain, nous partons .... Fleury.
2. C'est un petit village .... vingt kilomètres .... ici.
3. Ils en ont assez .... vivre .... ville.
4. Je ne veux pas jouer .... Robinson Crusoe.
5. Qu'est-ce que tu as reçu .... ton anniversaire?
6. Je ne veux pas aller vivre .... la campagne.

4 *Dans le sac à dos de Jérôme, il y a...*
Remplis la grille avec les mots correspondant aux définitions.

1. Il sert à planter des clous
2. Viande de bœuf en conserve
3 Il en faut pour allumer un feu
4. Avec sa... Jérôme pourra observer les fourmis
5. La "bouteille" des randonneurs
6. Tous les alpinistes en ont une
7. Pour se protéger du froid pendant le sommeil
8. Ils ont une tête, mais pas de dents
9. Sac à bretelles utilisé par les campeurs
10. Elle a des dents d'acier

Dimanche 3 juillet

Cher journal,

Nous voici à Fleury. C'est un tout petit village, avec une église et des maisons autour, une dizaine pas plus. Naturellement, pas de cinéma, pas de restaurant... Rien!

Si, il y a un magasin d'alimentation où on trouve de tout: des journaux, des vêtements... et même des chaussures! Au fait, c'est aussi le café-restaurant du village: au fond de la salle il y a quelques tables, on peut s'asseoir et boire ou manger quelque chose.

Jérôme est fou de joie : près du village, il y a un petit lac, une forêt et un circuit de VTT. Dès que nous sommes arrivés, il est allé dans le jardin.

Puis, nous l'avons entendu crier: «*JE L'AI TROUVÉ! JE L'AI TROUVÉ!*»

Nous nous sommes précipités dans le jardin. «*Qu'est-ce que tu as trouvé?*» lui a demandé papa. Jérôme a répondu: «*L'arbre où je vais pouvoir construire ma cabane*».

Papa ne s'est même pas mis en colère. Au contraire, il était ravi: *«Bonne idée! je t'aiderai à la construire! Je serai Robinson et toi Vendredi».* Mais Jérôme n'était pas d'accord: *«Non. Tu seras Robinson; moi, le fils de Robinson, et Valérie, Vendredi».* Jamais de la vie! Je leur ai crié qu'ils étaient complètement fous, et je suis rentrée en leur disant que je resterais enfermée dans ma chambre pendant toutes les vacances.

Je ne veux pas être Vendredi! Sur la porte de ma chambre, j'ai mis l'avis: **NE PAS DÉRANGER.**
Les vacances ne font que commencer et je voudrais déjà être rentrée!

Vocabulaire:
au fait: à propos
avis: annonce écrite (écriteau, panneau)
cabane: maison faite de branches d'arbres
circuit: parcours
dès que: au moment où, tout de suite après notre arrivée
église: lieu de culte de la religion catholique
fou de joie: très content
jamais de la vie: mille fois non
nous nous sommes précipités: nous avons couru
quelques: plusieurs
ravi: très heureux
tout petit: minuscule
VTT: vélo tout terrain

1 Complète le résumé en utilisant les mots suivants:

❏ jardin ❏ tout petit ❏ vacances ❏ fou de joie
❏ NE PAS DÉRANGER ❏ contente ❏ aidera
❏ au contraire ❏ cinéma ❏ enfermée ❏ arbre

Valérie est à Fleury avec ses parents et son frère.
Elle n'est pas .... parce que Fleury est un ....
village où il n'y a ni .... ni restaurant. Jérôme,
......................, est .... : dans le .... il a
trouvé un .... pour construire sa cabane. Monsieur
Maréchal .... son fils à construire sa cabane. Mais
Valérie ne veut pas jouer à Robinson Crusoe. Elle décide de
rester .... dans sa chambre pendant toutes les
.... Quand on passe devant sa chambre, on peut lire
ces mots:...................... .

2 Indique le sens des mots ou expressions suivants:

1. **Fleury est un** *tout petit*
   village:
   ❏ a. C'est un village isolé
   ❏ b. C'est un village
      minuscule
   ❏ c. C'est un village
      tranquille

2. **Un magasin où**
   on trouve de tout
   est un magasin:
   ❏ a. Où il n'y a rien
   ❏ b. Où tout est gratuit
   ❏ c. Où on peut acheter
      beaucoup de choses
      différentes

3. **Jérôme est** *fou de joie,*
   c'est-à-dire:
   ❏ a. Qu'il parle sans arrêt
   ❏ b. Qu'il est très content
   ❏ c. Qu'il est devenu fou

4. *"Jamais de la vie!"*, **signifie:**
   ❏ a. Non, non et non!
   ❏ b. Certainement
   ❏ c. Peut-être

5. **"Je suis rentrée en leur disant":**
   ❏ a. Avant de rentrer, je leur ai dit:
   ❏ b. Pendant que je rentrais,
      je leur ai dit:
   ❏ c. Après être rentrée, je leur ai dit:

3 **Dans quels magasins achèterais-tu ces articles?**
   Relie chaque article à gauche au magasin correspondant,
   puis forme des phrases comme dans l'exemple.

1. Chaussures   **a.** Magasin de fruits et légumes

2. Fruits   **b.** Papeterie

3. Crayons   **c.** Pharmacie

4. Médicaments   **d.** Magasin d'habillement

5. Chemises   **e.** Magasin de chaussures

6. Magazines   **f.** Kiosque à journaux

Où peut-on acheter des chaussures?
Dans un magasins de chaussures

Où ....?
....

Où ....?
....

Où ....?
....

Où ....?
....

Où ....?
....

Où ....?
....

Lundi 4 juillet

Cher journal,

Je dois reconnaître que la maison que papa a louée est jolie. Elle est jaune, avec un petit portique qui donne sur le jardin.

Mais, pas de téléphone. Quand je l'ai su, j'ai piqué une crise: «*Comment voulez-vous que je passe quinze jours ici sans téléphone? C'est de la folie!...*». Papa s'est mis à rire et maman a dit que c'était une bonne occasion pour faire mes devoirs de vacances d'une seule traite!!!... Derrière la maison, il y a un petit potager. Papa veut s'acheter des outils de jardinage. Il veut planter des oignons, des carottes, des pommes de terre, des laitues et des tomates. «C'est la vraie vie! La campagne, la nature, l'air pur... » En ville, papa a installé une petite serre sur le balcon. Il a planté des fraises, un citronnier et un plant de tomates. Chaque année, il nous répète: «Mes enfants, cette année, vous allez voir mes fraises!...» ou bien: «Vous allez voir mes citrons!...» Mais chaque

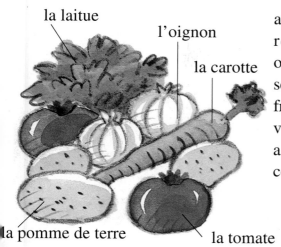

la laitue
l'oignon
la carotte
la pomme de terre
la tomate

arrivée, ils sont venus nous rendre visite; ils nous ont offert des fruits, des gâteaux secs, et même une poule! Mon frère l'a appelée "Poulette"; il veut la garder à la maison, avec nous. Il est devenu complètement fou!!!

POULETTE

année c'est pareil: rien! Papa dit que c'est à cause de la pollution atmosphérique. Lui aussi est très content d'être ici, à Fleury. Il sont tous très contents. Sauf moi. Je ne les comprends pas, on est si bien chez nous, en ville!... En plus, nous avons de drôles de voisins. Le lendemain de notre

Vocabulaire :

atmosphérique: de l'air
c'est de la folie: c'est absolument impossible
drôles: bizarres, étranges
d'une seule traite: en une seule fois, sans interruption
J'ai piqué une crise: je me suis mise très en colère
lendemain: le jour suivant
louée: une maison louée n'appartient pas au locataire: il paie un loyer pour y habiter

portique: toit ajouté à la façade d'une maison (pour se protéger de la pluie, du soleil)
potager: jardin où sont plantés des légumes (salade, carottes, pommes de terre, etc.)
reconnaître: admettre
rendre visite: aller chez quelqu'un
sauf moi: moi exceptée

ACTIVITÉS

1 Qui a dit ...

1. ... que la maison de Fleury est jolie?

....

2. ... qu'on ne peut pas vivre sans téléphone?

....

3. ... que sans téléphone Valérie pourra faire ses devoirs
de vacances d'une seule traite?

....

4. ... qu'il plantera des carottes?

....

5. ... que la pollution atmosphérique empêche les fraises
de pousser?

....

6. ... que "Poulette" pourrait vivre dans la maison?

....

2 Écoute la lecture du journal de Valérie et souligne les légumes qui ont été cités.

3 Vivre en ville ou à la campagne?

Remplis la grille avec les mots qui te sont proposés.

	AVANTAGES	INCONVÉNIENTS
VILLE		
CAMPAGNE		

- ❏ trafic
- ❏ pollution
- ❏ nature
- ❏ air pur
- ❏ bruit
- ❏ magasins
- ❏ cinémas
- ❏ jardins
     publics
- ❏ solitude
- ❏ amis
- ❏ animaux
- ❏ centres
     commerciaux
- ❏ écoles
- ❏ insécurité
- ❏ transports
- ❏ spectacles
- ❏ restaurants
- ❏ paysages

4 Et maintenant, réponds:

Tu habites en ville ou à la campagne?

....

Une maison ou un appartement?

....

Depuis ta naissance?

....

Tu aimes vivre en ville (ou à la campagne)?

....

Pourquoi?

....

Mardi 5 juillet

Cher journal,

Madame Marceau, notre voisine, est absolument insupportable! Elle est toujours à la maison. Ce matin, elle est arrivée à 7 heures et demie. Naturellement, on était encore tous en train de dormir. Nous avons eu drôlement peur! Papa est venu ouvrir en pyjama.

Je crois même qu'il est tombé parce que j'ai entendu du bruit dans l'escalier. Quand il a ouvert la porte, il a dit: «*Madame Marceau, c'est vous? Entrez!... C'est pour nous? Vraiment? C'est très gentil de votre part!... Mais asseyez-vous, je vais faire du café.*»

Madame Marceau nous avait apporté une délicieuse tarte à la vanille qu'elle avait fait elle-même.

Dix minutes plus tard, nous prenions notre petit-déjeuner dans le jardin.

Quand madame Marceau m'a vue en pyjama, elle a dit: «*Mon Dieu, qu'elle est maigre cette petite! Et comme elle est pâle! Vous avez bien fait de venir passer vos vacances à Fleury. La vie au grand air va lui faire du bien, quand elle repartira, elle aura de belles joues rouges!*»

CATASTROPHE!!! Je ne veux pas avoir de belles joues rouges. Je veux rester comme je suis.

Il ne manquait plus que la voisine! Comme si je n'avais pas assez d'ennuis comme ça!... Au secours!

Vocabulaire:

absolument: vraiment, tout à fait
au secours: à l'aide!
délicieuse: excellente, très bonne
drôlement: très

joues: parties du visages entre le nez et les oreilles (nous avons deux joues)
pâle: dont le teint (la peau du visage) est peu coloré
voisine: qui habite à côté

1 **Complète les phrases suivantes avec le mot qui convient.**

1. Ce (*matin - après-midi*), madame Marceau est venue chez nous à 7 heures et demie.

   ....

2. «(*Salut - bonjour*) madame Marceau!»

   ....

3. «Vous prenez (*une tasse - un verre*) de café avec nous?»

   ....

4. Dix minutes plus tard, nous prenions notre (*petit-déjeuner - déjeuner*) dans (*le jardin - la cuisine*).

   ....

5. Madame Marceau avait (*acheté - apporté*) une tarte à la vanille.

   ....

6. «Je ne veux pas avoir de belles (*oreilles - joues*) rouges!»

   ....

2 **Indique l'infinitif des verbes suivants dans la grille, à droite.**

1. J'ai entendu
2. Je veux
3. Asseyez-vous!
4. Nous avons eu
5. Il a ouvert
6. Je crois
7. Papa est venu
8. Quand elle m'a vue
9. Nous prenions
10. Elle a dit

3 **Les contraires. Associe chaque mot à son contraire.**

1. près   a. grosse

2. dormir   b. laide

3. beaucoup   c. se réveiller

4. grand   d. silence

5. belle   e. loin

6. bruit   f. peu

7. maigre   g. énervé

8. calme   h. petit

4 **Complète les verbes avec le pronom correspondant.**

1. .... était encore tous en train de dormir

2. Asseyez- .... !

3. Madame Marceau .... avait apporté une tarte.

4. Quand elle .... a vue en pyjama.

5. «La vie au grand air va .... faire du bien!»

❏ nous   ❏ m'   ❏ on   ❏ vous   ❏ lui

Mercredi 6 juillet

Cher journal,

Ce matin, le facteur nous a apporté une lettre. Sur l'enveloppe, il y avait notre nom et notre adresse: *Famille Maréchal*. C'est nous! Je l'ai ouverte immédiatement. C'était une invitation.

"À l'occasion de la traditionnelle fête du village, les habitants de Fleury ont le plaisir d'inviter monsieur et madame Maréchal et leurs enfants, Jérôme et Valérie, au tournoi de fléchettes organisé par le club Vert.

Après la compétition, jeux, danses et rafraîchissements. Nous comptons sur votre participation.

Le maire de Fleury
Robert Fabre

P.S. Si vous voulez participer au tournoi de fléchettes, adressez-vous au club Vert de Fleury.

Papa est tout de suite allé au village pour s'inscrire au tournoi. Et ce soir, nous sommes tous obligés de le suivre.

Quelle corvée! Ah, j'oubliais, le club Vert, c'est évidemment le bar-restaurant-magasin du village!

Onze personnes participent au tournoi (c'est-à-dire, pratiquement tous les habitants du village).

Papa est sûr de gagner. Comme d'habitude. À part le tournoi de fléchettes, je suis contente d'aller au village ce soir: je pourrai téléphoner à Sophie.

Elle me manque énormément!

Vocabulaire:
adressez-vous: renseignez-vous, demandez (au Club Vert)
à part: à l'exception de
énormément: beaucoup, beaucoup
évidemment: naturellement, bien entendu
facteur: (féminin, factrice), personne qui apporte le courrier (les lettres, les cartes postales, les factures...)
fléchettes: petites flèches; jeu qui consiste à les tirer sur une cible
nous sommes obligés: nous devons

"Quelle corvée!": c'est ce qu'on dit quand on est obligé de faire quelque chose qu'on n'a pas envie de faire, qui est pénible, ennuyeux ou fatigant

1 **Écoute la séquence enregistrée, puis réponds aux questions. Ensuite, relis le texte et vérifie tes réponses.**

1. Qui a trouvé du courrier dans la boîte aux lettres?

....

2. Qui a invité la famille Maréchal à la fête du village?

....

3. Qui a signé l'invitation?

....

4. Est-ce qu'il y aura un tournoi?

....

5. Quel genre de tournoi?

....

6. Monsieur Maréchal participera-t-il au tournoi?

....

7. Valérie est-elle contente de sortir ce soir?

....

8. Pourquoi?

....

2 **Maintenant, utilise tes réponses pour rédiger un petit résumé. Titre:** *L'invitation*.

Mercredi matin, Valérie a trouvé ....

....

....

....

....

....

3 **Imagine que tu te trouves au club Vert, le soir du tournoi de fléchettes. Tu rencontres Valérie.**
Vous vous présentez. Complète le dialogue.

TOI: ....
VALÉRIE: Salut, je m'appelle Valérie.

TOI: ....
VALÉRIE: Non, je n'aime pas jouer aux fléchettes.

TOI: ....
VALÉRIE: Oui, je fais du volley.

TOI: ....
VALÉRIE: Il y a un gymnase près de mon collège.

TOI: ....
VALÉRIE: Deux fois par semaine.

TOI: ....
VALÉRIE: Oui, notre équipe s'appelle *Hourrah*.

TOI: ....
VALÉRIE: Oui, d'habitude les parties ont lieu le dimanche matin.

TOI: ....
VALÉRIE: Assez bien. Mais Sophie, mon amie, joue mieux que moi.

TOI: ....
VALÉRIE: D'accord. Demain après-midi, ça va?
          On jouera dans le jardin.

Jeudi 7 juillet

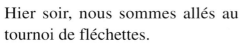

Cher journal,

Hier soir, nous sommes allés au
tournoi de fléchettes.
Je n'ai pas pu parler à Sophie parce
qu'elle était au cinéma avec son frère.
Dommage!

Au tournoi, papa s'est classé deuxième. Incroyable, mais vrai!
C'est le docteur François, le médecin du village, qui a remporté
la finale. Il était accompagné de sa femme et de ses deux fils:
Marc qui a douze ans, et Laurent qui a seize ans.

Mon frère a joué toute la soirée aux cartes avec Marc. Comme
ça, j'ai eu la paix!

Laurent est très beau; il a des cheveux châtains et des yeux verts.
Quand on a été l'un en face de l'autre, je suis devenue rouge
comme une pivoine. Je sentais mon cœur qui battait, qui
battait... Et tout à coup, la catastrophe!

Mon père a voulu me présenter: «*Voici Valérie, ma petite fille*».
J'étais folle de rage! Quelle honte! Il a osé dire que j'étais sa

7 juillet

"petite fille"... Pourquoi pas son bébé?!... C'est incroyable!
Il me présente à un garçon merveilleux, fascinant, super...
et il ne trouve rien de mieux à dire que ça! Quelle humiliation!
Heureusement, maman et Louise, la femme du docteur,
s'entendent bien. Elles ont décidé qu'un de ces jours on dînera
tous ensemble, eux et nous.
WAOUH! Tout n'est pas perdu!

Vocabulaire:
catastrophe: accident très grave, cataclysme, désastre...
châtains: bruns
"Dommage!": se dit quand on est déçu

honte: déshonneur, humiliation
il a osé dire: il a eu le courage de dire
pivoine: elle a rougi; la pivoine est une fleur rouge
remporté: gagné
tout à coup: soudain, brusquement

ACTIVITÉS

1 VRAI ou FAUX?

V F

1. Valérie a parlé au frère de Sophie. ❑ ❑
2. Le docteur Fabre a remporté le tournoi. ❑ ❑
3. Valérie a fait la connaissance des fils du docteur. ❑ ❑
4. Laurent est plus jeune que Valérie. ❑ ❑
5. Marc a le même âge que Jérôme. ❑ ❑
6. Marc plaît beaucoup à Valérie. ❑ ❑
7. Jérôme a participé au tournoi de fléchettes. ❑ ❑
8. Monsieur et madame Fabre ont invité les
   Maréchal au cinéma. ❑ ❑

2 Relis le texte et corrige tes erreurs.

Valérie n'a pas parlé au frère de Sophie.

....

....

....

....

3 Laurent et grand, mince, beau garçon. Il a les cheveux châtains et les yeux verts. Et Valérie, et Jérôme, comment les vois-tu? Décris-les en quelques phrases.

....

....

....

4 Quelle est la couleur de la peur, de la nuit sans sommeil, du rire forcé ou de la misère? Associe chaque adjectif de couleur à gauche au nom qu'il qualifie, à droite.

1. une nuit   **a.** jaune
2. une peur   **b.** noire
3. un rire   **c.** blanche
4. une misère   **d.** bleue

5 Indique le sens des mots ou expressions suivants:

1. On dit: *"Dommage!"*:
❏ **a.** Quand on est content
❏ **b.** Quand on est déçu
❏ **c.** Quand on est en colère

2. *"J'ai eu la paix!"*:
❏ **a.** Mon frère m'a laissé dormir
❏ **b.** Mon frère ne m'a pas parlé
❏ **c.** Mon frère ne m'a pas dérangée

3. *"J'étais folle de rage"*:
❏ **a.** J'étais très en colère
❏ **b.** J'étais très contente
❏ **c.** J'étais très fatiguée

4. *"Tout n'est pas perdu!"*:
❏ **a.** J'ai encore un peu d'espoir
❏ **b.** Je n'ai plus d'espoir
❏ **c.** Je ne le reverrai plus

Vendredi 8 juillet

Cher journal,

Ce matin, papa est sorti acheter le journal . Au village, il a rencontré le docteur Fabre.

Ça y est: nous sommes invités! *«On pourrait dîner ensemble lundi, qu'en pensez-vous? Ma femme et moi avons l'intention de faire des grillades dans le jardin. Vers sept heures et demie ça va?* » Papa a répondu qu'il acceptait; et il a ajouté: «*Nous apporterons le dessert; ma femme fait de très bonnes tartes... Valérie lui donnera un coup de main.*»

Quel menteur!

Quand papa nous a appris la nouvelle, j'étais tellement contente que je n'arrivais pas à y croire.

Maman aussi était enthousiaste; elle a dit qu'elle préparerait la salade et les légumes.

Et tout de suite après, elle a

«*Tu pourrais faire un gâteau avec Valérie*» a dit papa.

«*Moi? Mais je ne sais pas faire les gâteaux. Non, non! Il n'en est pas question! Demain, tu prendras la voiture et tu iras acheter un gâteau en ville.*»

«*Impossible!*» a dit papa.

«*Et pourquoi?*»

«*Parce que j'ai dit au docteur que tu savais faire de très bons gâteaux. On ne peut pas acheter un gâteau et dire que c'est toi qui l'a fait: il s'en apercevrait!*»

Maman a lancé un regard furieux à papa; et moi, j'en ai profité pour faire un tour en vélo: quand maman est en colère, il vaut mieux filer.

Vocabulaire:

ça va?: vous êtes d'accord, vous acceptez?
ça y est: finalement, c'est arrivé; le moment est venu ; nous y sommes...
dessert: à la fin du dîner (fruits, glace, tarte, gâteau...)
enthousiaste: très excitée
filer: s'en aller à toute vitesse
Il n'en est pas question: je refuse absolument
lui donnera un coup de main: l'aidera
menteur: quelqu'un qui dit des mensonges, qui ne dit pas la vérité
pâtisserie: magasin où l'on vend des gâteaux

ajouté: «*Mais, au fait, et le gâteau?... Il n'y a pas de pâtisserie à Fleury. Comment allons-nous faire?*»

1 **Complète le résumé en utilisant les verbes suivants:**

> ❏ a rencontré ❏ a promis ❏ est allé ❏ ont invité
> ❏ s'est mise en colère ❏ a demandé

Ce matin, monsieur Maréchal .... au village et il .... le docteur Fabre. Monsieur et madame Fabre organisent une grillade samedi et ils .... les Maréchal chez eux. Monsieur Maréchal .... d'apporter un gâteau, mais sa femme .... : elle ne sait pas faire les gâteaux. Alors, elle lui .... de prendre la voiture et d'aller en acheter un en ville.

2 **Tu as une boule de cristal pour lire l'avenir. Que va-t-il se passer?**

1. (Valérie - rencontrer - Laurent - lundi soir)
   Lundi soir, Valérie rencontrera Laurent.
2. (Les Maréchal - déménager - Fleury)
   ....
3. (Laurent - devenir - le petit ami de Valérie)
   ....
4. (Sophie - venir rendre visite - Valérie - Fleury)
   ....
5. (Monsieur Maréchal - cultiver - légumes - Fleury)
   ....
6. Monsieur Maréchal - ne pas devoir acheter - gâteau - ville)
   ....

3 **Complète les phrases.**

*Si madame Maréchal **a** le temps, elle **fera** un gâteau.*
*Si nous **achetons** un gâteau dans une pâtisserie, il s'en **apercevra**.*

1. Si Valérie .... (*aller*) au dîner, elle .... (*rencontrer*) Laurent.
2. Si monsieur Maréchal n'......................... (*acheter*) pas de gâteau, sa femme n......................... (*aller*) pas au dîner.
3. Si Valérie ne .... (*aller*) pas au dîner, elle .... (*être*) triste.
4. Si monsieur et madame Maréchal .... (*trouver*) une belle maison, ils .... (*venir*) s'installer à Fleury.
5. Si Valérie ne .... (*pouvoir*) pas parler à Sophie, elle lui .... (*écrire*) une lettre.
6. Si Valérie .... (*aller*) au dîner, elle .... (*s'amuser*) beaucoup.

4 **Et maintenant, réponds:**

Tu préfères les gâteaux maison ou ceux de la pâtisserie?
....
Ta maman sait faire les gâteaux?
....
Et toi, tu n'as jamais essayé d'en faire?
....
Quel est le gâteau que tu préfères?
....

Samedi 9 juillet

Cher journal,

Au secours! Je suis encore une fois de corvée! Ce matin, avec papa, nous avions une mission capitale: trouver un gâteau! Sinon, maman a dit que nous resterions tous à la maison. Je voulais aller au magasin du village, mais papa a préféré demander à notre bonne voisine, madame Marceau, de nous venir en aide. Nous sommes allés chez elle et papa lui a expliqué la situation. Madame Marceau a tout de suite accepté de nous donner un coup de main. Elle était même très contente: «*Nous allons préparer un excellent gâteau; car tu vas m'aider, n'est-ce pas Valérie? Je suis sûre que tu aimes faire la cuisine?*» J'aurais voulu lui dire que je déteste faire la cuisine, mais papa m'a donné un coup de pied sous la table, et j'ai répondu: «*Bien sûr, Madame Marceau, si je peux être utile...*» Madame Marceau m'a regardée en souriant, puis elle a dit: «Bon, je vais chercher ma boîte à recettes.» Elle est revenue de la cuisine avec un grosse boîte rouge. À l'intérieur, il y avait un tas de feuilles: c'étaient ses recettes de cuisine. Alors, elle m'a demandée: «*Quel est ton gâteau préféré, Valérie?*»
Je ne savais pas trop quoi répondre. Heureusement papa est intervenu: «*La tarte aux fruits. Valérie raffole des tartes aux fruits.*»
«*Excellente idée* -a dit madame Marceau. *Il ne nous reste plus qu'à*

trouver la recette. Ce n'est vraiment pas difficile à faire, la tarte aux fruits, mais j'oublie toujours quelque chose... » Pendant qu'elle cherchait, papa a dit: «*Bien. Valérie ira faire les courses; elle vous apportera les ingrédients demain matin.*»

Corvée de cuisine, corvée de courses!... Je trouve que papa exagère. Et mes vacances, alors? En tout cas, une chose est sûre: je vais bientôt revoir Laurent. Et ça, c'est super!

Vocabulaire:

boîte: en carton, en bois, en métal ou en plastique, avec ou sans couvercle, les boîtes servent à contenir, à ranger: une *boîte aux lettres*, une *boîte à bijoux...*
capitale: très importante
coup de pied: coup porté avec le pied; les joueurs de football donnent des coups de pied dans le ballon

je suis encore une fois de corvée: je dois faire quelque chose que je n'ai pas envie de faire
raffole: adore
si je peux être utile: si je peux faire quelque chose d'utile (travailler, aider, donner un coup de main)

sinon: s'ils ne trouvent pas de gâteau
un tas de: beaucoup, énormément
venir en aide: aider

1 **Récris les phrases ci-dessous en les classant par ordre d'apparition. Que s'est-il passé d'abord? Après?**

- Elle est allée prendre sa boîte de recettes à la cuisine.
- Elle a demandé à Valérie quel était son gâteau préféré.
- La voisine a accepté avec joie.
- Valérie et son père sont allés à la recherche d'un gâteau.
- Valérie ne veut pas faire les courses et n'a pas envie d'aider madame Marceau à préparer la tarte.
  Mais c'est le seul moyen de revoir Laurent.
- Monsieur Maréchal a décidé de demander à madame Marceau de lui venir en aide.
- La papa de Valérie a répondu qu'elle aime beaucoup les tartes aux fruits.
- Madame Marceau a dit que la tarte aux fruits est une recette facile à faire.
- Le papa de Valérie a dit que sa fille irait faire les courses et qu'elle apporterait les ingrédients le lendemain.

....
....
....
....
....
....
....
....
....

2 **Choisis l'image correspondant à la définition.**

1. C'est aigre.

a. **b.** **c.**

2. C'est mou.

a. **b.** **c.**

3. C'est cher.

a. **b.** **c.**

4. C'est sucré.

a. **b.** **c.**

5. C'est chaud.

a. **b.** **c.**

6. C'est froid.

a. **b.** **c.**

7. C'est salé.

a. **b.** **c.**

3 **Forme des phrases en associant les éléments de droite à ceux de gauche.**

1. J'aime la tarte aux fruits: **a.** Le soir, il fait frais.
2. Ouvre la fenêtre, s'il te plaît:——▶**b.** Il fait chaud.
3. Je n'aime pas ce parfum: **c.** Elles sont si parfumées!
4. Mets un pull!   **d.** Elle coûte trop cher.
5. Je ne peux pas m'acheter cette jupe: **e.** Il est trop épicé
6. Touche ce pull!   **f.** Tu sens comme il est doux?

Dimanche 10 juillet

le beurre

la farine

le sucre

le la

les noix

les jaunes d'œuf

la cuillère

Cher journal,

Ce matin, papa m'a réveillée à 7 heures (ah, les belles vacances!). Et il m'a envoyé acheter les ingrédients pour la tarte. À Fleury, il n'y a qu'un magasin, mais il est ouvert sept jours sur sept! Naturellement, il était déjà plein de monde.

TARTE

Ingrédients pour la pâte:

50 g de farine

100 g de sucre en poudre

100 g de beurre

50 g de noix pilées

2 jaunes d'œuf

3 cuillères de lait

Vocabulaire:
crème Chantilly: crème fraîche sucrée et 'montée' au fouet (de cuisine)

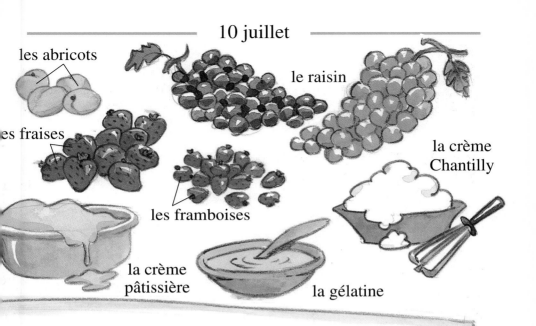

les abricots

le raisin

les fraises

la crème
Chantilly

les framboises

la crème
pâtissière

la gélatine

...UX FRUITS

Ingrédients pour la garniture

1 litre de crème pâtissière

4 abricots

Une grappe de raisin blanc

une grappe de raisin noir

10 g de fraises

10 g de framboises

gélatine

crème Chantilly

Préparation

Dans un saladier, mélanger la farine, le sucre et les noix pilées.

Ajoutez le beurre coupé en morceaux, les jaunes d'œuf, le lait et mélanger le tout.

Quand la pâte est bien lisse, versez-la dans un moule à tarte.

Mettez au four pendant 20 minutes.

Laissez refroidir.

Ajoutez à votre base la crème pâtissière et les fruits coupés en morceaux.

Recouvrez de gélatine.

Au moment de servir, ajoutez la crème Chantilly.

J'étais partie si vite de la maison que je n'avais pas eu le temps de déjeuner. J'ai profité de la queue pour manger un beignet à la crème. Tout à coup, j'ai entendu mon nom: «*Salut, Valérie!*»

Je me suis retournée. Laurent!... Il était là, il me souriait: «*Salut, Valérie. On se voit demain soir?*» J'avais la bouche pleine: j'ai fait un signe de la tête. Alors, il s'est mis à rire et il m'a dit: «Attends, tu as de la crème sur le bout du nez!». Il a pris son mouchoir et il me l'a passé sur la pointe du nez. Je ne savais plus où me mettre. Je n'ai jamais été aussi gênée de ma vie.

Vocabulaire:
gênée: mal à l'aise, confuse
je ne savais plus où me mettre: j'étais si gênée que j'aurais voulu disparaître, me cacher "dans un trou de souris"
la queue: la file; 'faire la queue', signifie attendre son tour quand il y a du monde dans un magasin, dans une banque, à la poste...

lisse: homogène, sans grumeaux
pilées: écrasées
plein de monde: il y avait beaucoup de gens qui attendaient d'être servis

1 **Réponds aux questions.**
Ensuite, relis le texte et vérifie tes réponses.

1. À quelle heure le père de Valérie a-t-il réveillé sa fille?

   ....

2. Où l'a-t-il envoyée?

   ....

3. Qu'a-t-elle fait pendant qu'elle attendait son tour?

   ....

4. Qu'a-t-elle entendu?

   ....

5. Qu'est-ce qu'elle a fait quand elle a entendu son nom?

   ....

6. Qui a-t-elle vu?

   ....

7. Que lui a dit Laurent?

   ....

8. Pourquoi Valérie était-elle si mal à l'aise?

   ....

2 **Un thé, s'il vous plaît! Comment t'y prends-tu pour préparer du thé? Que faut-il? Comment fait-on? À toi de jouer!**

Ingrédients:

....

Préparation:

....
....
....
....

3 **Retrouve dans la grille les ingrédients nécessaires à la préparation d'une tarte aux fruits. Les lettres restantes, lues les unes à la suite des autres, formeront le nom du gâteau préféré de Jérôme. Attention, les mots peuvent se lire horizontalement, verticalement ou en diagonale; un même mot peut être répété plusieurs fois.**

❑ abricot
❑ beurre
❑ crème
❑ farine
❑ four
❑ fraises
❑ framboises
❑ garniture
❑ gélatine
❑ ingrédients
❑ lait
❑ moule
❑ noix
❑ œuf
❑ pâte
❑ raisin
❑ sel
❑ sucre
❑ tarte

```
G F R A M B O I S E S
E G A B E U R R E T M
L F A R I N E T N E O
A L A I T A U E O A U
T U S C R A I S I N L
I X E O E D A M X A E
N N L T E D E S S O C
E G A R N I T U R E R
D P G F O U R C O U E
U N T A R T E R C F M
I E F R A I S E S S E
```

Le gâteau préféré de Jérôme est: ....

Lundi 11 juillet

Cher journal,

Le cauchemar continue!
Papa m'a encore une fois
réveillée à 7 heures!
Et on dit que la vie dans les villages
est reposante!...
*«Dépêche-toi, madame Marceau
t'attend! Ici, à la campagne, les gens
se lèvent tôt.»*
*«C'est pour ça que je veux
retourner en ville!»* lui ai-je
répondu.
Mais lui: *«Allons allons, pas
d'histoires! Le monde appartient
à ceux qui se lèvent tôt!
Va vite chez madame Marceau, et
essaie d'être gentille!»*
Quand je suis arrivée chez
madame Marceau, la tarte était
déjà prête.

Il y en avait même deux sur la table de la cuisine.
«Vous avez fait deux tartes, madame Marceau?»
«Oui. Je vous en ai fait une petite pour le petit-déjeuner.»
Je me demande quand elle les a faites ces tartes, cette nuit?

Vocabulaire:
cauchemar: mauvais rêve
dépêche-toi: ne perds pas de temps, fais vite!
reposante: qui repose, qui détend, tranquille, paisible
tôt: le contraire de 'tard': il la réveille à 7 heures, c'est tôt; il la réveille à 11 heures, c'est tard

1 **Complète les phrases suivantes en choisissant les groupes de mots appropriés.**

1. Monsieur Maréchal a réveillé sa fille à *6h 30/7h 00/7h 30*.
2. Madame Marceau attend *les ingrédients/monsieur Maréchal/Valérie*.
3. Les gens *vont se coucher/commencent à travailler/se lèvent* tôt à la campagne.
4. Valérie veut retourner en ville *après le dîner chez le docteur/le plus tôt possible/tout de suite*.
5. Quand Valérie est entrée chez madame Marceau, elle a vu *les ingrédients/deux tartes/une tarte* sur la table de la cuisine.
6. La plus grande était pour le dîner et la petite pour *le petit-déjeuner/le déjeuner/ le goûter*.
7. Valérie se demande *pourquoi/avec qui/quand* madame Marceau a fait ces deux tartes.

2 **Que signifie le proverbe: "Le monde appartient à ceux qui se lèvent tôt"?**

a. ❑ Ceux qui se lèvent tôt ne font pas la queue dans les magasins.
b. ❑ Ceux qui se lèvent tôt ont plus de temps que les autres pour faire ce qu'ils ont à faire.
c. ❑ Ceux qui se lèvent tôt n'arrivent jamais en retard à leur travail.

3 **Et maintenant, réponds:**

1. Monsieur Maréchal a-t-il raison de dire qu'à la campagne les gens se lèvent tôt? Pourquoi?

....

2. À quelle heure te lèves-tu:
Les jours où tu vas à l'école? ....
Le dimanche? ....
Pendant les vacances? ....

3. Qui te réveille le matin (ou qu'est-ce qui te réveille?)

....

4. De quelle humeur es-tu à peine réveillé(e) , de bonne humeur ou de mauvaise humeur?

....

5. Est-ce que tu te lèves dès que tu es réveillé(e)?

....

6. Quelle est la première chose que tu fais le matin?

....

7. Quelle est la dernière chose que tu fais avant de te coucher?

....

8. Quand tu vas te coucher:
❑ Tu t'endors tout de suite
❑ Tu lis un peu avant de dormir
❑ Tu regardes la télévision pour t'endormir

Cher Journal,

Nous venons de rentrer. Je suis si heureuse que je ne peux pas attendre demain pour raconter ce qui s'est passé pendant la soirée! La tarte de madame Marceau était délicieuse. Maman a reçu un tas de compliments. Elle était très gênée, bien sûr. Papa... Mais je ne vais pas raconter toute la soirée. D'ailleurs, ce n'est pas le dîner qui m'a remplie de joie, c'est ce qui s'est passé après.

Le frère de Laurent, Marc, a un peu de fièvre ces jours-ci. Ses parents ont préféré qu'il reste dans sa chambre. Résultat, Laurent et moi n'avons jamais été seuls. Jérôme ne m'a pas lâchée une seconde. Un vrai pot de colle! Et puis, il est arrivé quelque chose d'extrordinaire: au moment de partir, j'ai trouvé un billet

APRÈS-DEMAIN, MES AMIS ET MOI NOUS ALLONS NOUS BAIGNER AU LAC. TU VEUX VENIR AVEC NOUS? ÇA ME FERAIT ÉNORMÉMENT PLAISIR. JE T'ATTENDS SUR LA PLACE DU VILLAGE À 4 HEURES. SALUT. LAURENT

WAOUW!

dans la poche de mon blouson. Une invitation! C'est la première fois qu'un garçon me donne rendez-vous. J'espère qu'il m'enverra des cartes postales, des lettres, des photos de lui. Je les collerai sur les pages de mon Journal. Comme mes copines!... À propos, je dois absolument téléphoner à Sophie. Je n'arrive pas à y croire, il a écrit:

"Ça me ferait énormément plaisir"!!! Vivement mercredi!

Vocabulaire:

ce qui s'est passé: ce qui est arrivé
d'ailleurs: et puis, d'autre part
un tas de: beaucoup de

un vrai pot de colle!: Jérôme est resté 'collé' à Valérie toute la soirée, c'est-à-dire qu'il ne l'a pas quittée une seconde, qu'il est resté toujours près d'elle

ACTIVITÉS

1 **VRAI ou FAUX ?**

                                                                 V F

1. La tarte de madame Marceau n'a pas eu de succès ☐ ☐
2. Tout le monde a dit qu'elle était très bonne ☐ ☐
3. Madame Maréchal était triste ☐ ☐
4. Marc était malade ☐ ☐
5. Jérôme a passé toute la soirée avec Valérie et Laurent ☐ ☐
6. Laurent a invité Valérie à faire une excursion en montagne ☐ ☐
7. Le rendez-vous est pour le lendemain ☐ ☐
8. C'est la première fois que Valérie est invitée
   par un garçon ☐ ☐
9. Valérie ne veut pas aller au rendez-vous ☐ ☐

2 **Relis le texte et corrige tes erreurs**

....
....
....
....
....

3 **Lis les phrases suivantes et indique dans la colonne A celles qui servent à offrir quelque chose, et dans la colonne B celles avec lesquelles inviter quelqu'un à faire quelque chose.**

                                                                     A B

1. Tu veux des gâteaux? ☐ ☐
2. Pourquoi ne prends-tu pas une orangeade? ☐ ☐
3. Tu viens au cinéma avec moi? ☐ ☐
4. Prends encore un peu de thé! ☐ ☐
5. Allons faire un tour! ☐ ☐
6. On va manger une pizza, qu'est-ce que tu en dis? ☐ ☐

4 **Lis les phrases et associe les propositions (1-6)**
au réponses (a-f).

1. Tu veux un coca, Valérie?

2. Marc, pourquoi ne prends-tu pas encore un morceau de tarte?

3. Laure, On va au cinéma ce soir?

4. Tu veux bien venir à ma boum, Christine?

5. Tu viendras jouer au volley dans mon jardin, Françoise?

6. Jérôme, ça te plairait de recevoir un nouveau vélo pour
ton anniversaire?

a. Désolée, ce soir je dois garder le fils de ma voisine.

b. Non merci, j'en ai pris trois tranches.

c. Volontiers, j'adore les boums.

d. D'accord, j'apporterai mon ballon. Il est neuf.

e. Ce serait un super cadeau!

f. Oui, merci. J'ai très soif.

5 **Et maintenant, rédige quelques phrases sur le modèle suivant:**

1. Valérie accepte de prendre un coca parce qu'elle a très soif.

2. ....

3. ....

4. ....

5. ....

6. ....

Mardi 12 juillet

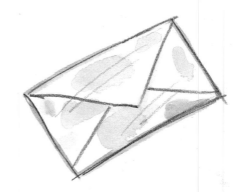

Cher journal,

Maintenant, à Fleury, tout le monde nous connaît. Ce matin, nous avons même reçu un mot du comte de Fleury qui nous a invités à prendre le thé au château, demain après-midi!

Maman n'en revenait pas. Elle répétait: «*au château, au château...*» comme dans un rêve. Moi, je m'en moque du château!

Et puis, je n'irai pas. D'abord, parce que je n'ai pas envie de passer tout un après-midi chez un vieux comte; et puis, parce que j'ai rendez-vous avec Laurent. Non, je n'irai pas au château! Mais j'attendrai le dernier moment pour le dire à maman.

12 juillet

Avec papa, on a sillonné les environs à la recherche d'une maison. Mais moi, je ne veux pas venir habiter ici. Je ne veux pas quitter mes amis, Sophie... Laurent me plaît beaucoup, c'est vrai, mais... Heureusement, nous n'avons rien trouvé d'intéressant. Les maisons que nous avons vues étaient trop grandes ou trop petites, elles n'avaient pas de jardin ou elles coûtaient trop cher. Je suis contente: ça me laisse un peu de temps pour réfléchir.

Vocabulaire:

je m'en moque: je m'en fiche, ça ne m'intéresse absolument pas
n'en revenait pas: n'en croyait pas ses yeux, n'arrivait pas à y croire
réfléchir: penser , peser le pour et le contre
sillonné les environs: exploré la campagne autour de Fleury
un mot: ici, une lettre

1 **Complète chaque phrase en choisissant la partie manquante parmi les groupes de mots plus bas (a-j).**

1. Ce matin, les Maréchal ont reçu
2. Maman
3. Laurent
4. À Fleury, tout le monde
5. Je le dirai à maman au dernier
6. Le comte nous a invités à prendre
7. Papa n'a rien trouvé
8. Une des maisons était trop
9. Papa cherche une maison
10. Valérie a encore un peu de temps pour

a. une invitation.
b. nous connaît
c. le thé.
d. me plaît beaucoup.
e. n'en revenait pas.
f. petite.
g. moment.
h. réfléchir.
i. à acheter.
j. d'intéressant.

....
....
....
....
....
....
....
....
....
....

2 Laurent voudrait savoir où habite Valérie.
Voici l'appartement de la famille Maréchal en ville.
Essaie de le décrire.

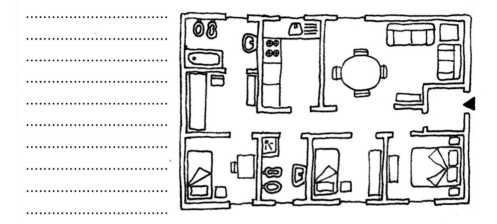

....
....
....
....
....
....
....
....
....
....

3 Et maintenant, voici la maison de campagne idéale pour
monsieur et madame Maréchal. Décris-la.

....
....
....
....
....
....
....
....
....

Mercredi 13 juillet

Cher journal,

Je suis seule à la maison. Ils sont tous allés chez le comte de Fleury. Maman était très agitée. Ce matin, elle a demandé à papa de l'accompagner chez nous, en ville: elle voulait prendre son ensemble chic pour aller au château. Finalement, elle est rentrée avec la robe qu'elle portait le jour du mariage de tante Agnès.

Mon frère était ridicule avec sa veste et son nœud papillon.

Maman m'en voulait un peu parce que j'avais refusé d'aller avec eux. Mais elle a fini par accepter que je reste seule. À trois heures, ils sont enfin partis!

Alors, je me suis changée et je suis allée jusqu'à la place du village. Laurent m'attendait. Ensemble, nous sommes allés au lac.

Nous nous sommes baignés. Tout à coup, alors que nous avions tous les deux la tête sous l'eau, il m'a embrassée!

Oui, **IL M'A EMBRASSÉE!**

Je ne sais pas pourquoi, mais j'ai eu peur... et j'ai bu la tasse. J'ai cru que j'allais me noyer. Après, je ne savais pas quoi dire. Lui non plus. Alors, nous n'avons plus parlé. Il m'a raccompagnée à la maison, et au moment de se quitter, il m'a demandé: *«On se voit demain?»*

«Je ne sais pas si je suis libre demain.»

«Et après-demain?»

«Je ne sais pas... Appelle-moi, on verra...»

«Bon. Alors, salut Valérie.» Et il est parti.

Quelle idiote je suis! Un garçon me plaît, il me donne rendez-vous et moi, qu'est-ce que je réponds: *«Appelle-moi, on verra...»*

Comment pourrait-il m'appeler, nous n'avons pas le téléphone!

Je suis plus bête que Jérôme. Tiens, papa a raison: je suis une petite fille!

Maman, papa et Jérôme sont rentrés peu après.

Ils m'ont raconté une drôle d'histoire. D'ailleurs, ils sont tous bizarres ces jours-ci. Mais je n'ai pas le temps de penser à eux.

J'ai d'autres problèmes à régler.

Et Sophie qui n'est jamais là quand j'ai besoin d'elle!

Vocabulaire:

appelle-moi: téléphone-moi
chic: élégant
ensemble: vêtement féminin composé de deux pièces
(jupe et veste), tailleur

j'ai bu la tasse: j'ai failli me noyer
je me suis changée: j'ai mis d'autres vêtements
m'en voulait: était fâchée (contre moi)
tout à coup: soudain, à l'improviste

1 **Complète le résumé en utilisant les mots suivants:**

❏ accompagnée	❏ agitée	❏ ville
❏ ensemble	❏ veste	❏ décidé
❏ fâchée	❏ téléphone	❏ embrassé
❏ lac	❏ répondre	❏ rendez-vous
❏ peur	❏ comte	❏ élégant

Ce matin, madame Maréchal était très ....

Son mari l'a .... à leur appartement en

.... parce qu'elle voulait prendre un.........................

chic pour aller chez le .... de Fleury. Jérôme était

très .... avec sa .... et son nœud

papillon. Madame Maréchal était un peu .... contre

sa fille parce que Valérie avait .... de rester à la

maison. Valérie et Laurent sont allés ensemble au ....

Pendant qu'ils se baignaient, Laurent a .... Valérie

qui a eu .... et a failli se noyer.

Laurent a donné......................... à Valérie pour le lendemain,

mais Valérie ne savait pas quoi ....

Elle lui a demandé de lui téléphoner. Mais ensuite, elle s'est

souvenue qu'elle n'a pas le .... à Fleury.

2 **Réponds aux questions. Ensuite, relis le texte et vérifie tes réponses.**

1. Pourquoi madame Maréchal est-elle si agitée?

....

2. Pourquoi Valérie dit-elle que Jérôme est ridicule?

....

3. Où sont-allés Laurent et Valérie?

....

4. Que s'est-il passé pendant qu'ils se baignaient?

....

5. Pourquoi Valérie était-elle gênée?

....

3 **Et maintenant, réponds:**

Quels sont les vêtements que tu préfères porter?

....

Tu choisis tes vêtements toi-même ou ce sont tes parents qui choisissent pour toi?

....

Avant d'acheter un pantalon ou un pull, par exemple, tu en parles à tes copains ou à tes copines?

....

À ton avis, est-ce que l'habillement est important?

....

Est-ce que tu portes des vêtements adaptés aux circonstances, ou t'habilles-tu toujours de la même façon?

....

Dans certains pays, les jeunes gens portent un uniforme pour aller à l'école. Qu'en penses-tu? Et que penses-tu des uniformes?

....

Jeudi 14 juillet

Cher journal,

Aujourd'hui encore (même le 14 juillet!) mes parents sont partis visiter d'autres maisons. Quand ils sont rentrés, ils étaient très contents. Maman nous a appelés: «*Valérie, Jérôme, nous avons trouvé la maison de nos rêves.*»

Et, bien entendu, l'après-midi, nous sommes allés tous ensemble voir cette fameuse maison de *leurs rêves*. Elle se trouve juste en face de l'arrêt de l'autobus qui va en ville (la ville est à une demi-heure d'autobus de Fleury). C'est un plus, mais je préfère quand même notre appartement. En rentrant, je me suis arrêtée au café du village et j'ai appelé Sophie. Elle était encore une fois sortie. Chaque fois que j'ai besoin d'elle!...

C'est aussi à cause de Sophie si je suis triste. Je ne veux pas la quitter. Huit ans dans la même classe, assises l'une à côté de l'autre!...

Je sais qu'elle dira que j'ai de la chance d'aller vivre à la campagne, que

je pourrai avoir plein d'animaux. Mais moi, je ne veux pas d'animaux;
je n'ai pas envie de devenir vétérinaire plus tard, comme elle!
C'est vrai qu'en dernier elle disait qu'elle voulait devenir inspectrice
de police. Moi, ça m'étonnerait, elle change si souvent d'avis!

Vocabulaire:

ça m'étonnerait: je ne crois pas (je serais très surprise si elle faisait ce qu'elle a dit)

c'est un plus: c'est un avantage
en dernier: ces derniers temps

1 **Pose les questions**

1. ....?
   À la recherche d'autres maisons.

2. ....?
   La maison de leurs rêves.

3. ....?
   Juste en face d'un arrêt d'autobus.

4. ....?
   Une demi-heure.

5. ....?
   Au café.

6. ....?
   Elle a téléphoné à Sophie.

7. ....?
   Non, elle était sortie.

8. ....?
   Huit.

9. ....?
   Parce qu'elle pourra avoir plein d'animaux.

10. ....?
    Vétérinaire.

2 "La maison de nos rêves" est une expression qui signifie qu'il s'agit:

1. ❑ D'une maison très silencieuse
2. ❑ De la maison que nous désirons depuis toujours
3. ❑ D'une maison sans chambres à coucher

3 VRAI ou FAUX?

                    V   F

1. Ce matin, monsieur et madame Maréchal sont allés chez le docteur Fabre   ❑ ❑
2. Monsieur et madame Maréchal ont trouvé une maison où ils pourront habiter tout l'année   ❑ ❑
3. Cette maison est près de la gare   ❑ ❑
4. La ville est à une demi-heure d'autobus de Fleury   ❑ ❑
5. Valérie a enfin pu parler à Sophie   ❑ ❑
6. Sophie aime beaucoup les animaux   ❑ ❑
7. Sophie veut devenir inspectrice de police plus tard   ❑ ❑

4 Relis le texte et corrige tes erreurs

....

....

....

En route

Cher journal,

Vers six heures, papa et maman sont encore sortis.

Quand ils sont rentrés, maman s'est mise à préparer les valises et papa a dit: «*Allez, les enfants, on s'en va! On rentre en ville!*»

GRRR!

Je lui ai demandé pourquoi on partait si vite. Il m'a répondu que maman et lui avaient beaucoup de choses à faire, des papiers à signer, qu'ils devaient s'organiser.

Et il a ajouté: «*Dans un mois, nous viendrons habiter à Fleury*».

«*Jamais! Je ne viendrai pas!*»

«*Où ne veux-tu pas venir, a demandé papa, ici ou en ville?*»

Bonne question. Je n'ai pas su répondre.

D'un côté, je ne veux pas rentrer en ville maintenant que j'ai rencontré un garçon qui me plaît; et de l'autre, je ne veux pas quitter Sophie et tous mes copains et mes copines.

Encore une fois, maman a dit que je ne sais pas ce que je veux.

Et papa a dit qu'à quatorze ans c'est normal de ne pas savoir ce qu'on veut.

En tout cas, avant de partir, j'ai eu le temps d'écrire un mot à Laurent et je l'ai glissé dans sa boîte aux lettres. Je lui ai donné mon numéro de téléphone. J'espère qu'il va m'appeler.

Et s'il ne me téléphone pas... c'est moi qui l'appellerai!

Vocabulaire:
allez: dépêchez-vous!
je l'ai glissé: je l'ai mis

papiers: ici, documents
s'est mise à: a commencé à

ACTIVITÉS

1 **Situe correctement les événements entre eux.**

☐ Valérie ne sait pas quoi répondre à son père.

☐ Elle espère que Laurent l'appellera.

☐ À son retour, madame Maréchal se met à faire les valises.

☐ En ville, ils ont beaucoup de choses à faire.

☐ Si Laurent ne l'appelle pas, c'est Valérie qui lui téléphonera.

☐1 Monsieur et madame Maréchal sortent.

☐ Monsieur Maréchal dit qu'il est temps de rentrer en ville.

☐ Dans un mois, les Maréchal viendront habiter à Fleury.

☐ Valérie écrit un mot à Laurent.

2 **Associe les noms à gauche, aux phrases de même sens, à droite.**

1. L'ennui   **a.** Il m'a fait peur.

2. La peur   **b.** Ils sont tous devenus fous !

3. La folie   **c.** Maman était gênée.

4. La gêne   **d.** Je suis triste.

5. L'humiliation   **e.** Je me suis sentie humiliée.

6. La tristesse   **f.** Je m'ennuie.

3 À ton avis, que va-t-il se passer maintenant?
Choisis les situations que te semblent les plus probables.

☐ Valérie viendra habiter à Fleury.
☐ Valérie restera en ville et ira habiter chez Sophie.
☐ Laurent deviendra le petit ami de Valérie.
☐ À Fleury, Valérie oubliera ses anciens amis.
☐ À Fleury, Valérie continuera de voir ses anciens amis.
☐ Sophie viendra passer les week-end à Fleury.
☐ Sophie aussi rencontrera le garçon de ses rêves à Fleury.
☐ Valérie ne sera pas la petite amie de Laurent:
    elle rencontrera d'autres amis à Fleury.
☐ Valérie aimera vite la vie à Fleury.
☐ Valérie demandera à madame Marceau de lui apprendre
    quelques bonnes recettes.
☐ Jérôme deviendra le meilleur ami de Marc.

4 Deux années ont passé. Valérie a retrouvé dans un tiroir son cher Journal. Elle décide d'écrire une dernière page pour raconter ce qui s'est passé depuis qu'elle est venue habiter à Fleury.

Cher Journal,

....
....
....
....
....
....
....
....